Für einen lieben Menschen die Sterne vom Himmel zu holen bleibt ein unerfüllbares Versprechen. Für genau diesen Menschen Sterne auf den weihnachtlich geschmückten Tisch oder in die Fenster zu zaubern gelingt mit diesem Buch jedoch sehr leicht.

Es enthält eine Vielzahl unterschiedlicher Sterne aus Papier, Windowcolor und Metallfolie: transparente Sterne für das Fenster, Sternen-Mobiles, Stern-Anhänger, Stern-Laternen …

Zur Verwirklichung dieser Sternenfantasien muss man kein Profi sein. Unter Anleitung eines Erwachsenen können schon interessierte Sechsjährige im Handumdrehen wunderschöne Sterne basteln. Meine eigene Tochter versetzt uns immer wieder in Staunen.

Bei der Realisierung der hier vorgestellten Ideen wünsche ich Ihnen viel Freude!

Ihre
Martina Michalik

Sterne aus Papier und Karton

ALLGEMEINE HINWEISE, TIPPS & TRICKS

Papier ist ein Material, das sich gut schneiden und verarbeiten lässt und zudem sehr vielfältig ist. Im Handel sind die verschiedensten Papiere und Kartons erhältlich. Auf den folgenden Seiten finden Sie Sterne, die aus den unterschiedlichsten Papiersorten hergestellt werden.

Arbeitsmaterialien

FÜR ALLE STERNE AUS PAPIER ODER KARTON BENÖTIGEN SIE:

* *Papier oder Karton nach Vorgabe*
* *Bleistift*
* *Kleine, spitze Papierschere*
* *Evtl. Papiermesser/Cutter mit geeigneter Schneideunterlage*
* *Evtl. Metall-Lineal*
* *Klebstoff, z. B. UHU Alleskleber*

Nachtleuchtpapier

Dieses Papier leuchtet im Dunkeln, wenn es vorher mit hellem Licht angestrahlt wurde. Es eignet sich also hervorragend für Sterne. Nachtleuchtpapier ist in DIN-A4-Bogen erhältlich und selbstklebend. Die Motive werden am besten auf der Rückseite aufgezeichnet, da die Vorderseite nicht ganz glatt ist.

Papier schneiden

Einfache Teile können gut mit einer kleinen, spitzen Papierschere geschnitten werden. Bei komplizierteren Motiven und vor allem bei Innenausschnitten lohnt sich die Anschaffung eines Papiermessers mit einer entsprechenden Schneideunterlage. Haben Sie dann noch ein Metall-Lineal mit einer Schneidekante, können Sie ganz exakte Schnitte durchführen, was besonders bei der Herstellung von Sternen (mit ihren vielen geraden Linien) sehr hilfreich ist.

Schablonen herstellen

Eine große Hilfe bei der Herstellung der Sterne sind Schablonen. Übertragen oder kopieren Sie die gewählte Vorlage von den beiliegenden Bogen auf ein stärkeres Papier (etwa 160 g/m²) und schneiden Sie das Motiv aus. Mit dieser selbst gemachten Schablone können Sie den Stern, sooft Sie wollen, auf das entsprechende Papier übertragen, indem Sie mit einem Bleistift leicht an den Konturen entlangfahren. Benutzen Sie unbedingt stärkeres Papier, damit die Schablonen stabil sind und beim Nachziehen der Konturen nicht wegrutschen.

Stärkere Papiere falten

Bei manchen Modellen ist es nötig, das Papier entlang einer langen geraden Linie zu falten. Dies ist bei stärkeren Papieren nicht ganz einfach. Hier hilft ein kleiner Trick: Legen Sie entlang der Faltlinie ein Lineal an und ritzen Sie mit einem Messer die Linie auf ganzer

Länge ganz leicht an (nicht durchtrennen!). Dann knicken Sie das Papier ganz vorsichtig. Bedruckten Tonkarton, der innen weiß und außen farbig ist (z. B. Tonkarton in Silber oder Gold), ritzen Sie am besten auf der Rückseite ein, damit die Oberfläche auf der Außenseite nicht verletzt wird.

Genähte Sterne

Sterne sehen besonders schön aus, wenn sie plastisch wirken. Eine ganz einfache Methode ist das Nähen von Sternen. Schon Kinder können die vielen Sterne ausschneiden, die dann ein Erwachsener mit der Nähmaschine (oder von Hand) zusammennähen kann. Für jeden genähten Stern benötigen Sie fünf einzeln ausgeschnittene Sterne. Sie können alle in einer oder mehreren Farben gehalten sein. Experimentieren Sie einfach!

HERSTELLUNG EINES STERNES AUS TONPAPIER

Übertragen Sie den Stern mit Hilfe einer Sternschablone fünfmal auf Tonpapier.

Schneiden Sie die Sterne aus.

Legen Sie die fünf Sterne genau aufeinander und nähen Sie sie am besten mit der Nähmaschine (mittlere Stichlänge) zusammen. Verknoten Sie die beiden Fäden jeweils oberhalb und unterhalb des Sternes.

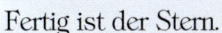

Schneiden Sie die beiden unteren Fäden ab und falten Sie den Stern vorsichtig auseinander. Der mittlere Stern bleibt so, wie er ist. Es werden nur jeweils die beiden oberen und die beiden unteren Sterne nach außen gefaltet.

Fertig ist der Stern.

STERNEN-MOBILE

MATERIAL:

* *Tonkarton in Gelb und Orange*
* *Goldfolie*
* *Nadel und weißer Bindfaden*

Schneiden Sie den Sternrahmen einmal aus gelbem und den großen Innenstern einmal aus orangefarbenem Tonkarton aus. Der mittlere Stern wird je einmal aus orangefarbenem und zweimal aus gelbem Tonkarton benötigt.

Der kleine Stern schließlich wird sechsmal aus Goldfolie ausgeschnitten.

Kleben Sie die sechs kleinen goldenen Sterne auf den Sternrahmen: drei von vorne und drei von hinten genau dahinter, d. h. deckungsgleich. Die Positionen sind auf dem Vorlagenbogen durch gepunktete Linien angedeutet.

Hängen Sie den großen Stern in die Mitte des Rahmens und die drei mittleren Sterne unten an den Sternrahmen.

Zum Aufhängen des Mobiles ziehen Sie abschließend noch einen Faden durch die obere Spitze des Rahmens.

GELBER STERN MIT INNENSTERN

(Abbildung Seite 8)

MATERIAL:

* *Tonkarton in Schwarz und Gelb*
* *Goldfolie*
* *Nadel und weißer Bindfaden*

Schneiden Sie den Sternrahmen aus gelbem und den großen Stern aus schwarzem Tonkarton je einmal aus. Den kleinen Stern fertigen Sie zweimal aus Goldfolie.

Kleben Sie die beiden goldenen Sterne auf die Vorder- und Rückseite des schwarzen Innensterns und hängen Sie diesen in den Sternrahmen.

Ziehen Sie abschließend zum Aufhängen noch einen Faden durch die obere Spitze des Rahmens.

GELBER STERN MIT INNENSTERN

(Anleitung Seite 6)

MATERIAL:

* Tonkarton in Schwarz
* Tonpapier in Gelb
* Kleine ausgestanzte Metallsternchen in Gold
* Nadel und gelber Bindfaden
* Evtl. Nähmaschine

Schneiden Sie den großen Stern aus schwarzem Tonkarton einmal und den kleinen Stern aus gelbem Tonpapier 20-mal aus. Nähen Sie, wie auf Seite 5 beschrieben, aus je fünf einzelnen gelben Sternen insgesamt vier Sterne zusammen und hängen Sie diese in den schwarzen Stern. Abschließend ziehen Sie durch den schwarzen Stern einen Faden zum Aufhängen, bekleben ihn beidseitig mit kleinen goldenen Sternchen und falten die gelben Sterne auseinander.

9

STERN MIT KUGELN

MATERIAL:

* *Tonkarton in Gelb*
* *Tonpapier in Blau, Rot und Schwarz*
* *Sternchenfolie in Rot und Blau*
* *Kleine ausgestanzte Metallsternchen in Gold*
* *Nadel und gelber Bindfaden*

Schneiden Sie den Sternrahmen einmal aus gelbem Tonkarton und die Schleife sechsmal aus schwarzem Tonpapier aus. Die Kugel wird einmal aus blauem und zweimal aus rotem Tonpapier sowie zweimal aus blauer und viermal aus roter Sternchenfolie benötigt.

Ziehen Sie durch die drei Tonpapierkugeln die Fäden zum Aufhängen und verknoten Sie diese. Kleben Sie die Folienkugeln beidseitig auf die Tonpapierkugeln, darauf wiederum beidseitig die Schleifen und hängen Sie die Kugeln in den Sternrahmen. Bekleben Sie den Rahmen mit den kleinen Sternchen.

Abschließend ziehen Sie den Faden zum Aufhängen durch die obere Spitze des Rahmens.

STERN MIT TANNE

MATERIAL:

* Tonkarton in Gelb
* Tonpapier in Dunkelgrün
* Goldfolie
* Nadel und gelber Bindfaden
* Evtl. Nähmaschine

Grün) und nähen Sie sie, wie auf Seite 5 für einen Stern beschrieben, zu einem kompletten Baum zusammen. Hängen Sie diesen in den Sternrahmen.

Kleben Sie die kleinen goldenen Sterne beidseitig auf den Sternrahmen, ziehen Sie einen Faden zum Aufhängen durch die obere Spitze des Rahmens und falten Sie den Tannenbaum auseinander.

Schneiden Sie den Sternrahmen einmal aus gelbem Tonkarton, den Stern 16-mal aus Goldfolie und den Tannenbaum zweimal aus Goldfolie und dreimal aus dunkelgrünem Tonpapier aus.

Legen Sie die fünf Tannenbäume aufeinander (Grün, Gold, Grün, Gold,

11

EINZELNER NACHT-LEUCHTSTERN

MATERIAL:

* *Tonkarton in Dunkelblau*
* *Nachtleuchtpapier*
* *Nadel und weißer Bindfaden*

Schneiden Sie den großen Stern einmal aus blauem Tonkarton und den durchbrochenen Stern zweimal aus Nachtleuchtpapier aus.

Kleben Sie die Leuchtsterne beidseitig auf den Tonkartonstern auf und ziehen Sie einen Faden zum Aufhängen durch die obere Sternspitze.

NACHTLEUCHT-MOBILE

Aus dem Nachtleuchtpapier schneiden Sie Stern A 16-mal und Stern B zehnmal aus. Kleben Sie die Sterne A beidseitig auf den großen blauen Stern auf und die Sterne B beidseitig auf die Sterne C.

MATERIAL:
* Tonkarton in Dunkelblau
* Nachtleuchtpapier
* Nadel und dunkelblauer Bindfaden

Hängen Sie die Sterne C an den markierten Sternspitzen des großen Sternes auf und ziehen Sie abschließend einen Faden zum Aufhängen durch die obere Sternspitze des großen Sternes.

Schneiden Sie den großen Stern einmal und Stern C fünfmal aus Tonkarton aus.

MATERIAL:
* *Tonkarton in Silber*
* *Regenbogen-Tonkarton*
* *Nadel und weißer Bindfaden*

Schneiden Sie den Stern aus doppelt gelegtem silbernem Tonkarton mit einem Papiermesser auf einer geeigneten Schneideunterlage aus. Sie können auch Tonpapier verwenden, der Stern wird dann aber nicht so stabil.
Schneiden Sie aus dem Regenbogen-Tonkarton einen Stern zu, der etwas kleiner als die silbernen Sterne ist, und

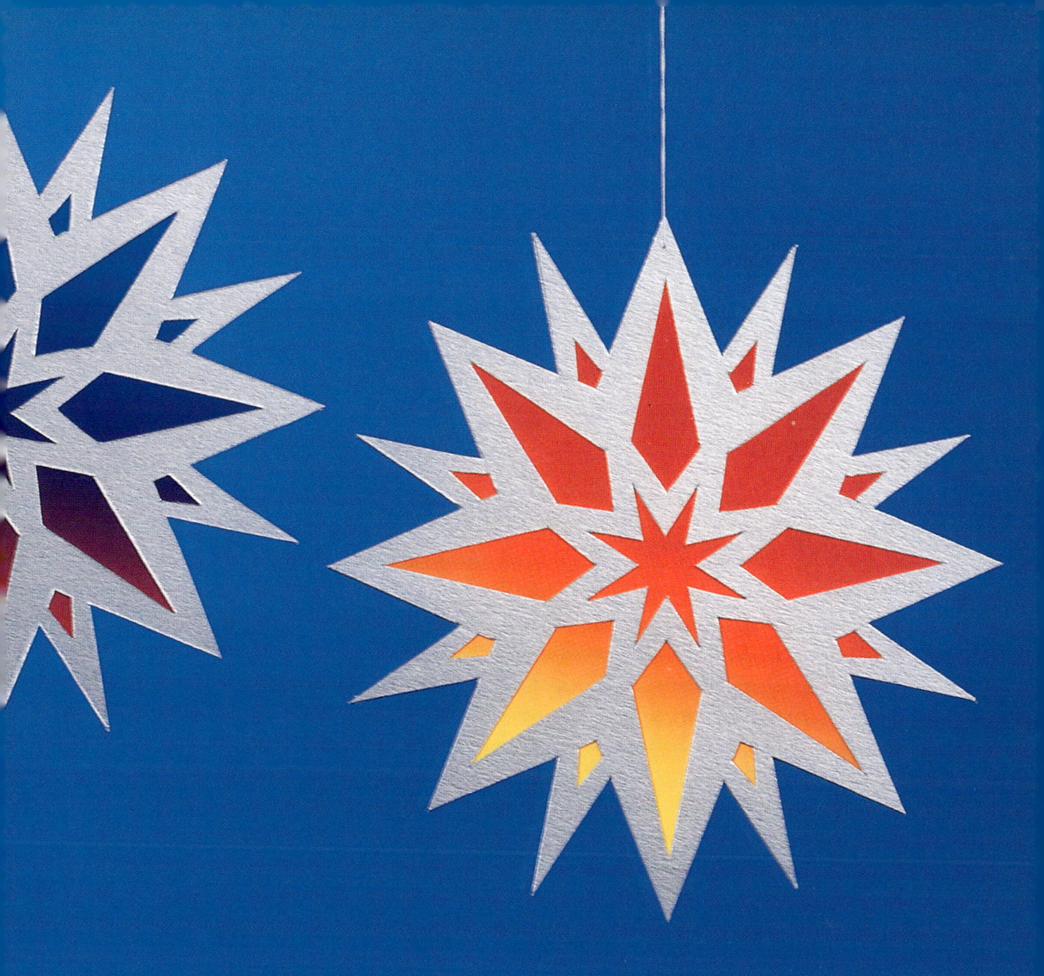

kleben Sie ihn auf einen der beiden
Sterne. Bringen Sie den zweiten silbernen Stern so auf dem Regenbogen-
stern an, dass er genau über dem ersten silbernen Stern liegt.
Ziehen Sie abschließend durch die
obere Sternzacke einen Faden zum
Aufhängen.

ANHÄNGER AUS STERNEN-TONKARTON

(Abbildung Seite 16/17)

Der hier verwendete Tonkarton ist auf der Vorder- und Rückseite mit unterschiedlich großen goldenen Sternen bedruckt. Sie können selbstverständlich auch Tonkarton verwenden, der auf beiden Seiten dasselbe Muster aufweist.

Anhänger mit Innenstern

MATERIAL:

* Sternen-Tonkarton in Rot, Blau oder Weiß
* Tonkarton in Gold
* Nadel und Bindfaden in der Farbe des Tonkartons
* Goldkordel
* Bürolocher oder Lochzange

Schneiden Sie den Sternrahmen einmal und den kleinen Stern zweimal aus Sternen-Tonkarton aus. Der mittelgroße Innenstern wird einmal aus goldenem Tonkarton benötigt.
Kleben Sie die kleinen Sterne beidseitig auf den Innenstern und hängen Sie diesen in den Sternrahmen. Stanzen Sie mit einem Bürolocher oder einer Lochzange ein Loch zum Aufhängen in den Rahmen und ziehen Sie die Goldkordel durch.

Anhänger mit Außensternen

MATERIAL:

* Sternen-Tonkarton in Rot, Blau oder Weiß
* Tonpapier in Gold
* Goldkordel
* Bürolocher oder Lochzange

Schneiden Sie den kleinen Stern achtmal aus goldenem Tonpapier aus und den Sternrahmen einmal aus doppelt gelegtem Sternen-Tonkarton.
Stanzen Sie mit einem Bürolocher oder einer Lochzange das Loch zum Aufhängen durch beide Sternrahmen, bevor Sie diese auseinander nehmen. So wissen Sie später genau, wie Sie sie zusammenkleben müssen, damit sie aufeinander passen.
Kleben Sie die acht goldenen Sterne an die markierten Sternspitzen des unteren Sternrahmens und kleben Sie den oberen Rahmen darauf.
Ziehen Sie abschließend die Goldkordel zum Aufhängen durch das gestanzte Loch.

GOLDENER STERN
MIT INNENSTERN

MATERIAL:
* *Tonkarton in Gold*
* *Tonpapier in Rot*
* *Kleine ausgestanzte Metall-
  sternchen in verschiedenen
  Farben*
* *Nadel, roter und gelber
  Bindfaden*
* *Evtl. Nähmaschine*

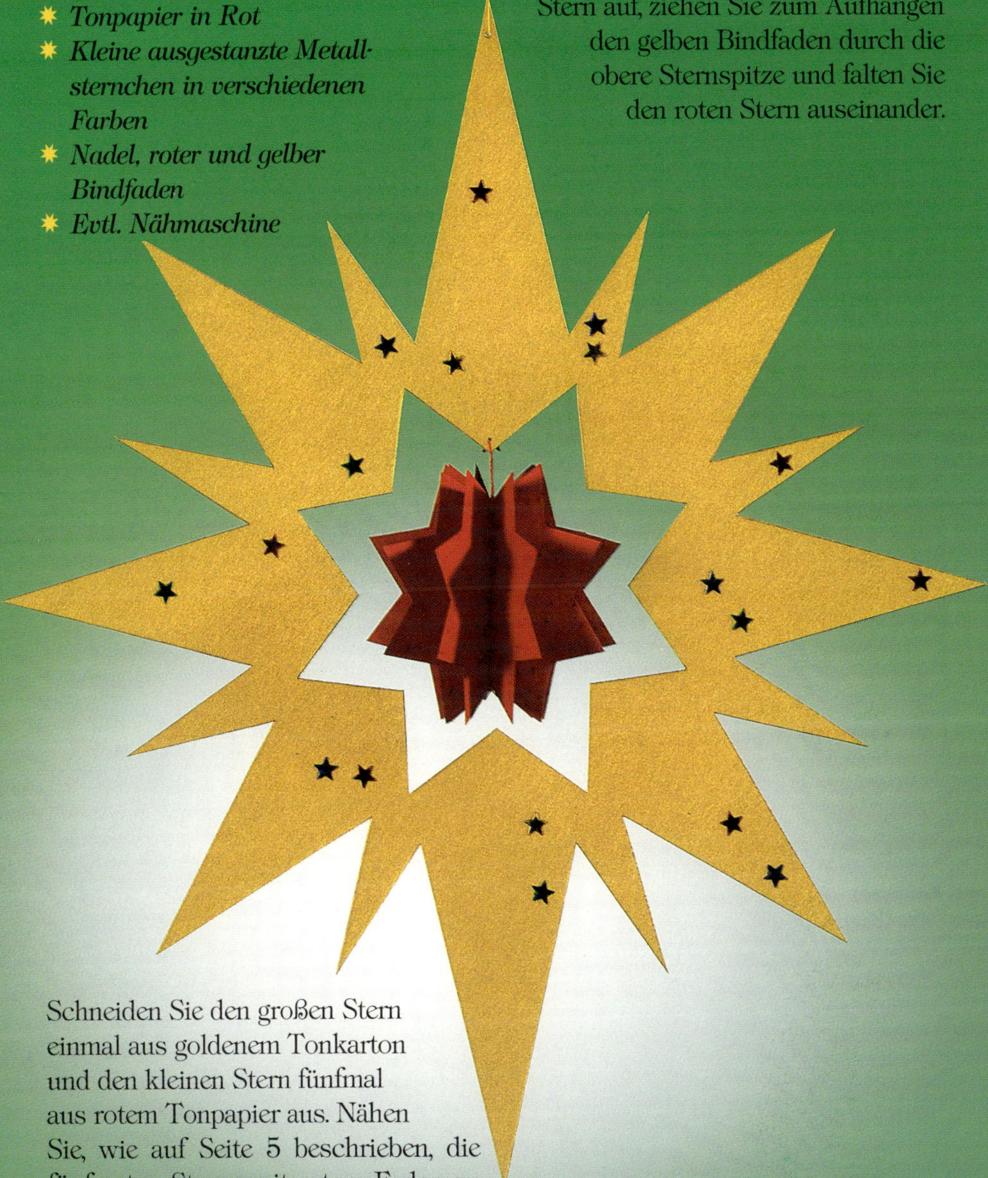

einem kompletten Stern zusammen und hängen Sie ihn in den goldenen Stern. Kleben Sie die kleinen bunten Sternchen beidseitig auf den goldenen Stern auf, ziehen Sie zum Aufhängen den gelben Bindfaden durch die obere Sternspitze und falten Sie den roten Stern auseinander.

Schneiden Sie den großen Stern einmal aus goldenem Tonkarton und den kleinen Stern fünfmal aus rotem Tonpapier aus. Nähen Sie, wie auf Seite 5 beschrieben, die fünf roten Sterne mit rotem Faden zu

ANHÄNGER AUS GOLDENEM
TONKARTON
(Anleitung Seite 22)

20

ANHÄNGER AUS GOLDENEM TONKARTON

(Abbildung Seite 20/21)

MATERIAL:
* *Tonkarton in Gold*
* *Sternchenfolie in Rot und Blau*
* *Kleine ausgestanzte Metallsternchen in verschiedenen Farben*
* *Goldkordel*
* *Bürolocher oder Lochzange*

Achtstrahliger Stern mit großem bzw. kleinem Folienstern

Schneiden Sie den großen Stern einmal aus goldenem Tonkarton und wahlweise entweder den großen Stern A oder den kleinen Stern B zweimal aus Sternchenfolie aus.

Kleben Sie die Foliensterne beidseitig auf den goldenen Stern auf. Stanzen Sie mit einem Bürolocher oder einer Lochzange das Loch zum Aufhängen in den goldenen Stern und ziehen Sie die Goldkordel durch.

Auf dem Stern mit den kleinen Foliensternen verteilen Sie beidseitig die kleinen bunten Sternchen.

Sechzehnstrahliger Stern mit großem Folienstern

Schneiden Sie den großen Stern einmal aus goldenem Tonkarton und Stern A zweimal aus Sternchenfolie aus.

Kleben Sie die Foliensterne beidseitig auf den goldenen Stern auf. Stanzen Sie mit einem Bürolocher oder einer Loch-

zange das Loch zum Aufhängen in den goldenen Stern und ziehen Sie die Goldkordel durch.

Sechzehnstrahliger Stern mit einem bzw. zwei kleinen Foliensternen

Schneiden Sie den großen Stern einmal aus goldenem Tonkarton aus. Für den Stern mit einem Folienstern auf jeder Seite benötigen Sie Stern B zweimal aus Sternchenfolie. Für den Stern mit zwei Foliensternen auf jeder Seite brauchen Sie Stern B viermal aus Sternchenfolie: je zweimal aus roter und blauer Folie.

Kleben Sie auf den goldenen Stern beidseitig je einen Folienstern auf.

Für den Stern mit den zwei Foliensternen auf jeder Seite kleben Sie den jeweils zweiten Folienstern etwas versetzt über den ersten.

Stanzen Sie mit einem Bürolocher oder einer Lochzange das Loch zum Aufhängen in den goldenen Stern und ziehen Sie die Goldkordel durch.

Abschließend verteilen Sie beidseitig die kleinen bunten Sternchen auf dem goldenen Stern.

GENÄHTE STERNANHÄNGER

MATERIAL:
* *Tonpapier in Gelb und Orange*
* *Goldfolie*
* *Bindfaden in Gelb, Orange und Ocker*
* *Evtl. Nähmaschine*

Auf dem Vorlagenbogen sind zwei verschiedene Sterne abgedruckt; die Herstellung beider Sterne ist identisch.

Für einen einfarbigen Stern schneiden Sie fünf gleiche Sterne in gleicher Farbe aus, für einen zweifarbigen Stern ersetzen Sie zwei der Sterne durch Goldfoliensterne (Tonpapier, Goldfolie, Tonpapier, Goldfolie, Tonpapier).
Nähen Sie die Sterne, wie auf Seite 5 beschrieben, mit dem farblich passenden Nähgarn zusammen und falten Sie sie auseinander.

STERNE ALS TISCHDEKORATION ODER GESCHENKANHÄNGER

MATERIAL:

* *Tonkarton in Gold*
* *Tonpapier in Gelb, Orange, Rot, Blau und Grün*
* *Kleine ausgestanzte Metallsternchen in verschiedenen Farben*
* *Goldstift*
* *Bürolocher oder Lochzange*
* *Goldkordel (für Geschenkanhänger)*

Alle Sterne werden nur einseitig beklebt.

Schneiden Sie den großen Stern einmal aus goldenem Tonkarton aus. Je nach gewähltem Stern benötigen Sie zusätzlich folgende Motivteile aus Tonpapier:

* Stern A in Rot oder Blau
* Stern B in Gelb oder Orange
* Tannenbaum in Grün
* Kerze in Rot oder Blau mit gelber Flamme

Schreiben Sie mit dem Goldstift den gewünschten Namen auf das Tonpapiermotiv und kleben Sie das Motivteil auf den goldenen Stern.

Für einen Geschenkanhänger stanzen Sie mit einem Bürolocher oder einer Lochzange ein Loch in den Stern und ziehen die Goldkordel durch.

Abschließend kleben Sie die kleinen Sternchen wie folgt auf:

* Kerze: Goldene Sternchen um die Flamme verteilen.
* Tannenbaum: Rote und goldene Sternchen verteilen. Die roten Sternchen können an den Baumspitzen angebracht werden.
* Stern A: Goldene Sternchen verteilen.
* Stern B: Bunte Sternchen verteilen.

24

SERVIETTENRINGE

Servietten falten

Falten Sie die Servietten folgendermaßen zu einem Drachen:
Die mit kleinen Kreisen markierten Ecken werden so lange zur Mitte hin übereinander geschoben, bis es nicht mehr weiter geht (Skizzen siehe Vorlagenbogen).

Einfache Serviettenringe

MATERIAL:
☀ *Sternen-Tonkarton in Rot*

Schneiden Sie den Serviettenstern aus Sternen-Tonkarton aus.
Knicken Sie den Stern an den unteren gestrichelten Linien nach vorne und an den oberen gestrichelten Linien nach hinten. Nun können Sie die Serviette mit der Spitze durch das ovale Loch stecken.

Serviettenringe zum Zubinden

MATERIAL:

* *Sternen-Tonkarton in Rot*
* *Tonkarton in Gold*
* *Gelbes Satinband, 4 mm breit,*
  ca. 70 cm lang pro Serviettenring

Schneiden Sie den großen Stern je einmal aus rotem und aus goldenem Tonkarton, den kleinen Stern je dreimal aus rotem und aus goldenem Tonkarton aus.

Der große goldene Stern bekommt an den markierten Stellen zwei Einschnitte, durch die das Satinband von hinten nach vorne und wieder nach hinten gezogen wird. Der Stern muss bis in die Mitte des Bandes geschoben werden. Kleben Sie den großen roten Stern auf den großen goldenen Stern versetzt auf, so dass das Band nicht mehr zu sehen ist (punktierte Linie auf dem Vorlagenbogen). Kleben Sie zwei der kleinen roten Sterne versetzt auf zwei der kleinen goldenen Sterne; die beiden Enden des Satinbandes legen Sie dabei zwischen die Sterne. Die restlichen beiden Sterne werden ebenfalls versetzt aufeinander geklebt, das Satinband liegt dabei dazwischen, so dass zum Doppelstern am Bandende ein Abstand von ca. 3 cm besteht.

Legen Sie den großen Stern auf die gefaltete Serviette, schlingen Sie die Bandenden einmal um die Serviette herum nach vorne und schließen Sie mit einer Schleife.

Beleuchtbare Sterne

MIT KERZEN BELEUCHTBARE STERNE

Die folgenden Aufsteller sollten Sie von hinten und die Tischlaterne von innen beleuchten, damit die Sterne ihren Glanz voll entfalten können. Es ist ratsam, Teelichter oder Kerzen, die hinter einem Triptychon oder in einer Tischlaterne stehen, in ein Glas zu stellen, so dass sowohl die Flamme als auch die Laterne geschützt sind. **Lassen Sie Kerzen dennoch niemals unbeaufsichtigt brennen!**

Triptychon mit Regenbogenpapier

MATERIAL:
* *Tonkarton in Schwarz*
* *Regenbogen-Transparentpapier*

Schneiden Sie den Rahmen einmal, den großen Stern dreimal und den kleinen Stern viermal aus schwarzem Tonkarton aus. Knicken Sie die Seitenteile des Rahmens an den gestrichelten Linien nach hinten. Hinterkleben Sie die Seitenteile und das Mittelteil einzeln mit Regenbogen-Transparentpapier.

Danach kleben Sie die Sterne an den markierten Stellen auf. Beleuchten Sie das Triptychon von hinten, beispielsweise indem Sie dahinter ein Teelicht oder eine Kerze in einem Glas aufstellen.

Triptychon mit Faserseide

MATERIAL:

* *Tonkarton in Schwarz*
* *Faserseide bzw. Strohseidenpapier
  in Gelb, Hell- und Dunkelblau*

Schneiden Sie den Rahmen einmal aus
schwarzem Tonkarton aus.

Knicken Sie die Seitenteile des Rahmens an den gestrichelten Linien nach
hinten.

Hinterkleben Sie die Sterne mit gelber,
das Mittelteil mit dunkelblauer und
die Seitenteile mit hellblauer Faserseide bzw. Strohseidenpapier.

Beleuchten Sie das Triptychon von
hinten, beispielsweise indem Sie dahinter ein Teelicht oder eine Kerze in
einem Glas aufstellen.

Triptychon aus goldfarbenem Tonkarton

MATERIAL:

* *Tonkarton in Gold*
* *Transparentpapier in Dunkelgrün, Violett und Pink*

Schneiden Sie den Rahmen einmal aus goldfarbenem Tonkarton aus.

Knicken Sie die Seitenteile des Rahmens an den gestrichelten Linien nach hinten.

Hinterkleben Sie die kleinen Innensterne und die kleinen äußeren Strahlen mit gelbem Transparentpapier. Der linke Stern wird mit grünem, der mittlere mit violett- und der rechte mit pinkfarbenem Transparentpapier hinterklebt.

Beleuchten Sie das Triptychon von hinten, beispielsweise indem Sie dahinter ein Teelicht oder eine Kerze in einem Glas aufstellen.

Tischlaterne

MATERIAL:
- *Tonkarton in Silber*
- *Tonpapier in Silber*
- *Regenbogen-Transparentpapier (entweder als Laternenzuschnitt oder von der Rolle)*
- *Evtl. Zackenschere*

Schneiden Sie den Laternenboden einmal aus silberfarbenem Tonkarton aus und knicken Sie die kleinen Spitzen nach oben.

Die Grundform der Laterne benötigen Sie einmal aus silberfarbenem Tonpapier. Kleben Sie sie zu einer Rolle zusammen (Anfang und Ende bis zur gestrichelten Linie überlappen lassen). Schneiden Sie in der Größe der Laterne einen Streifen Regenbogen-Transparentpapier zu. Den oberen Rand schneiden Sie ganz knapp mit einer Zackenschere ab. Kleben Sie diesen Streifen so in die silberfarbene Laterne, dass die Zacken von vorn gerade noch zu sehen sind.

Abschließend fixieren Sie den Boden mit Klebstoff in der Laterne. Die Zacken des Bodens werden auf der Innenseite festgeklebt.

ELEKTRISCH BELEUCHTBARE STERNE

Diese Sterne sind so konzipiert, dass sie elektrisch beleuchtet werden können. Jeder Stern besteht aus sieben Einzelteilen, die zu einem kompletten Stern zusammengesetzt werden.

Großer Stern

MATERIAL:

* *Sternen-Tonkarton in Blau und Weiß*
* *Goldkordel*

Schneiden Sie das Sternenteil dreimal aus weißem und viermal aus blauem Sternen-Tonkarton aus.

Jedes der sieben einzelnen Sternenteile wird genau identisch gefaltet und zusammengeklebt.

In der folgenden Beschreibung wird die obere Seite des Sternenteils, die später außen liegt, als rechte Seite bezeichnet, die untere Seite hingegen, die später innen liegt, als linke Seite.

Ein Sternenteil falten

Ritzen Sie mit einem Messer ganz leicht alle gestrichelten Linien an, damit sich das Sternenteil besser falten lässt. Die Linien, die mit zwei bzw. drei Kreuzen markiert sind, werden auf der rechten Seite angeritzt, die übrigen Linien auf der linken Seite.

Falten Sie die Papierzugabe, die mit einem Kreuz markiert ist, nach innen. Anschließend falten Sie das Sternenteil an der Linie, die mit zwei Kreuzen gekennzeichnet ist, zusammen, so dass die rechte Seite außen liegt. Klappen Sie das Teil wieder auseinander. Falten Sie die Papierzugaben, die mit

einem kleinen Kreis gekennzeichnet sind, jeweils nach außen.

Falten Sie das Sternenteil an den übrigen Linien leicht nach innen zusammen. Knicken Sie das Teil an diesen Linien nicht zu stark.

Ein Sternenteil zusammenkleben

Kleben Sie das Sternenteil zu einer Sternspitze zusammen, indem Sie es an der mit zwei Kreuzen markierten Linie zusammenklappen und an der nach innen umgeknickten Papierzugabe, die mit einem Kreuz markiert ist, zusammenkleben.

Den Stern fertig stellen

Stellen Sie aus allen sieben Sternenteilen solche Sternspitzen her. Setzen Sie die sieben Sternspitzen im farblichen Wechsel zu einem Stern zusammen. Beginnen Sie mit einem blauen Teil. Bestreichen Sie die Papierzugaben einer Sternspitze, die mit einem kleinen Kreis markiert sind, auf der rechten Seite mit Klebstoff. Stecken Sie diese Papierzugaben in die nächste Sternspitze, und zwar an der Seite, an der diese keine Papierzugaben hat, und drücken Sie sie gut fest. Auf diese Weise setzen Sie den Stern komplett zusammen.

Die letzte Seite bleibt für die Beleuchtung offen. Bohren Sie mit einer klei-

nen spitzen Schere oder einer dicken Nadel durch die beiden Zacken, die nicht zusammengeklebt wurden, nahe der Öffnung je ein Loch, durch das Sie die Goldkordel ziehen. Mit dieser Kordel kann der Stern geöffnet und geschlossen werden.

Den Stern beleuchten
Die Innenbeleuchtung für solche Sterne kann fertig gekauft werden, z. B. in gut sortierten Elektrofachgeschäften oder auf Weihnachtsmärkten. Verwenden Sie **auf gar keinen Fall selbst gebastelte Konstruktionen mit Halogenlampen oder sehr hellen Glühbirnen. Diese werden so heiß, dass Brandgefahr** besteht. Bei fehlerhafter Verkabelung besteht außerdem die Gefahr eines Stromschlags. Lebensgefahr!

Kleiner Stern in Rot
MATERIAL:
* *Tonpapier in Rot*
* *Goldkordel*

Schneiden Sie das Sternenteil siebenmal aus dem roten Tonpapier aus. Setzen Sie den Stern so zusammen, wie für den großen Stern auf Seite 32 beschrieben.

Kleiner Stern in Gold-Orange
MATERIAL:
* Tonpapier in Gold und Orange
* Goldkordel

Schneiden Sie das Sternenteil viermal aus goldenem und dreimal aus orange-

farbenem Tonpapier aus. Setzen Sie den Stern so zusammen, wie für den großen Stern auf Seite 32 beschrieben. Beginnen und enden Sie mit einem goldenen Sternenteil.

Kleine Sterne beleuchten
Zur Elektrifizierung dieser kleinen Sterne wählen Sie Beleuchtungskörper aus dem Modellbaubereich.
Über einen handelsüblichen Transformator (Trafo), bei dem im Idealfall auch die Spannung regulierbar ist, können Sie die Beleuchtungskörper anschließen. Durch den Einsatz eines Trafos ist diese Art der Beleuchtung nicht gefährlicher als der Betrieb einer Modellbahnanlage oder eines Schiffsmodells. **Auf gar keinen Fall dürfen die kleinen Sterne ohne Zwischenschaltung eines Trafos mit direkt an das Stromnetz angeschlossenen Beleuchtungskörpern betrieben werden!**

Windowcolor-Sterne

ALLGEMEINE HINWEISE, TIPPS & TRICKS

Mit Windowcolor-Glasmalfarben lassen sich wunderschöne Sterne herstellen, die aussehen, als bestünden sie aus Buntglas. Ihre Leuchtkraft entfalten sie vor allem am Fenster, aber auch auf großen Windlichtern, Glasvasen, Vorratsgläsern oder beispielsweise glatten, hellen Fliesen wirken diese Sterne sehr dekorativ.

Die Motive werden einfach auf eine Klarsichthülle aufgetragen. Nachdem die Sterne getrocknet sind, können sie abgezogen und auf der gewünschten Fläche glatt gestrichen werden. Sie halten ohne Klebstoff. Ebenso einfach lassen sie sich wieder entfernen und z. B. durch neue Motive ersetzen. Auch Kinder können mit diesen Farben relativ problemlos umgehen. Allerdings sollten Sie dann darauf achten, eine möglichst geruchsarme Farbe zu verwenden.

Arbeitsmaterialien

SIE BENÖTIGEN:

* *Evtl. Bleistift oder Filzstift*
* *Schreibmaschinenpapier*
* *Klarsichthülle oder spezielle Malfolie*
* *Windowcolor-Konturenfarbe in Gold und Schwarz*
* *Evtl. eine Metalldüse zum Aufsetzen auf die Konturenfarbflasche*
* *Evtl. eine kleine Plastikflasche zum Umfüllen der Konturenfarbe (Flasche für Gutta bei der Seidenmalerei)*
* *Windowcolor-Glasmalfarben in verschiedenen Farbtönen zum Ausfüllen der Motive*
* *Evtl. kleine ausgestanzte Metallsternchen oder Miniglaskügelchen zum Verzieren der Motive*
* *Zahnstocher*
* *Nadel*
* *Weiches Papier, z. B. von einer Küchenrolle*

Allgemeine Kurzanleitung für einen Stern

Kopieren Sie den Stern, den Sie anfertigen wollen, vom Vorlagenbogen auf normales Papier. Schieben Sie die Sternenvorlage in eine saubere Klarsichthülle (nicht alle Hüllen eignen sich, manche verbinden sich mit der Farbe, machen Sie daher vorab einen Test oder verwenden Sie spezielle Malfolie). Tragen Sie die Konturenfarbe entlang den Linien der Vorlage auf die Klarsichthülle auf und lassen Sie sie mehrere Stunden trocknen (die Trocknungszeit variiert je nach Hersteller, beachten Sie daher deren Angaben). Füllen Sie die Innenflächen der Motive mit Farbe und lassen Sie sie gut trocknen (auch hier variiert die Trocknungszeit von Hersteller zu Hersteller). Sobald der Stern getrocknet ist, können Sie ihn vorsichtig von der Klarsichthülle abziehen, damit er nicht zusammenklebt, und am Fenster glatt streichen.

Wichtige Hinweise

Auftragen der Konturenfarbe

Windowcolor-Konturenfarbe ist in verschiedenen Farben erhältlich. Für die Sterne habe ich fast ausschließlich Gold verwendet, da es besonders weihnachtlich wirkt und am Fenster gut sichtbar ist.

Die Konsistenz der Konturenfarbe ist von Hersteller zu Hersteller verschieden. Um gleichmäßige und gerade Linien zu bekommen, kann es nötig sein, eine Metalldüse auf die Flasche aufzusetzen. Die Stärke der zu verwendenden Düse hängt ganz wesentlich von der Dickflüssigkeit der Farbe ab. Diese muss sich mit leichtem Druck durch die Düse drücken lassen.

Falls die Spitze Ihrer Flasche so dick ist, dass sich eine Metalldüse nicht aufsetzen lässt bzw. nicht richtig hält, können Sie die Farbe in ein kleines Plastikfläschchen mit einer dünnen Spitze umfüllen (gibt es für Gutta bei der Seidenmalerei zu kaufen), auf die sich die Metalldüse gut aufschrauben lässt und mit dem man sehr gut arbeiten kann.

Reinigen Sie die Düse nach jedem Gebrauch gründlich, damit sie nicht verstopft.

Auftragen der Glasmalfarben

Tragen Sie die Farbe innerhalb der mit Konturenfarbe gezeichneten Konturen auf und verteilen Sie sie gleichmäßig bis zum Rand. Dabei kann ein Zahnstocher hilfreich sein. Arbeiten Sie von innen nach außen. Gehen Sie nicht zu sparsam mit der Farbe um. Wenn die Farbe zu dünn aufgetragen wird, lässt sich das Motiv nur ganz schlecht von der Folie (und später von Ihrem Fenster) ablösen, weil die Sternspitzen leicht umknicken und dann zusammenkleben.

Die Farbe ist bis auf wenige Ausnahmen beim Auftragen noch nicht transparent. Mit dem Trocknen wird sie nach und nach durchsichtig, bei einigen Herstellern verändert sich auch der Farbton.

Oftmals gelangen beim Auftragen der Farbe kleine Luftbläschen mit auf das Motiv.

Wenn Sie diese als störend empfinden, können Sie sie mit einer Nadel aufstechen, solange die Farbe noch nass ist. Manchmal platzen sie auch von alleine auf.

Ausfüllen ganz kleiner Flächen

Um kleine Flächen wie z. B. die Knöpfe oder die Nasen der Schneemänner ganz mit Farbe auszufüllen, gehen Sie folgendermaßen vor:

Tupfen Sie einen ganz kleinen Farbpunkt in die Fläche und verteilen Sie die Farbe mit einer Nadel oder einem Zahnstocher bis in alle Ecken und an alle Ränder. So gelangt die Farbe nicht über die Konturen hinaus in die anderen angrenzenden Farbfelder.

Korrekturen

Wenn Sie sich beim Auftragen der Konturen oder der Farbe „vermalt" haben, können Sie die Farbe einfach mit einem weichen Papier wegwischen und erneut auftragen.

Dekomaterial

Zum Verzieren einiger Sterne habe ich kleine ausgestanzte Metall-sternchen verwendet, die in die noch nasse Farbe gedrückt werden. Außerdem gibt es Miniglaskügelchen in verschiedenen Farben zu kaufen, die in die nasse Farbe gestreut werden können.

STERN MIT TANNENBÄUMEN

STERN MIT SCHNEEMÄNNERN

Dieser Stern ist etwas schwieriger als die übrigen Sterne herzustellen, da er aus vielen kleinen Einzelteilen besteht. Die Konturen und die Augen der Schneemänner sind mit schwarzer Konturenfarbe gezeichnet. Die Schneemänner werden mit weißer Farbe gefüllt, die mit dem Trocknen nicht transparent wird. Auf diese Farbe werden, solange sie noch nass ist, silberne Miniglaskügelchen aufgestreut.

MEHRFARBIGE STERNE

Sterne aus Metallfolie

ALLGEMEINE HINWEISE, TIPPS & TRICKS

Aus Metallfolie lassen sich sehr schöne Sterne als Schmuck für den Adventsstrauß und den Weihnachtsbaum herstellen.

Metallfolie ist in verschiedenen Stärken und Farben erhältlich, so z. B. in Gold, Silber, Kupfer, Grün… Verwenden Sie für die folgenden Sterne möglichst dünne Folie, damit Sie ohne große Kraftanstrengung schöne Prägelinien erhalten.

Arbeitsmaterialien

SIE BENÖTIGEN:

* *Metallfolie in Gold, Silber oder Kupfer, nicht zu dick*
* *Feinen Prägestift*
* *Dicke, zusammengefaltete Zeitung zum Unterlegen (sie muss bei Druck nachgeben)*
* *Klebefilm zum Befestigen der Vorlage auf der Metallfolie*
* *Dicke, spitze Nadel für Löcher*
* *Kleine, spitze Schere*

Prägestifte gibt es in verschiedenen Stärken zu kaufen. Verwenden Sie für die Sterne einen möglichst feinen, damit Sie schöne Linien und Punkte erhalten. Zur Not können Sie zum Prägen auch eine Stricknadel verwenden, diese lässt sich jedoch nicht gut festhalten.

Herstellung eines Sternes

Kopieren Sie den Stern, den Sie anfertigen wollen, vom Vorlagenbogen auf normales Papier. Kleben Sie die Papiervorlage an den Rändern mit Klebefilm auf der Metallfolie fest.

Legen Sie die Metallfolie mit der aufgeklebten Vorlage auf eine dicke Zeitung, die als weiche Unterlage dient. Fahren Sie mit dem Prägestift die Linien der Papiervorlage entlang. Üben Sie dabei so starken Druck aus, dass die Vorlage nicht zerreißt, die Metallfolie jedoch eingedrückt wird.

Löcher, z. B. zum Aufhängen der Sterne, stechen Sie mit einer dicken, spitzen Nadel in die Folie. Durch Hin- und Herbewegen der Nadel kann das Loch vergrößert werden.

Abschließend wird die Vorlage von der Folie entfernt und der Stern mit einer spitzen Schere knapp an der äußeren Prägelinie entlang ausgeschnitten. **Vorsicht: Die Sternspitzen sind sehr scharf!**

Aufhängen der Sterne

SIE BENÖTIGEN:

* *Goldkordel für die goldenen Sterne*
* *Silberkordel für die silbernen Sterne*
* *Dunkelgrünes Satinband, 4 mm breit, für die kupfernen Sterne*
* *Dunkelgrünes Satinband, 4 mm breit und ca. 70 cm lang, für die kupferne Sternenkette*

(Weiter auf Seite 48)

SILBERNE STERNE

45

KUPFERNE
STERNE

Ziehen Sie farblich passende Kordel bzw. das Satinband durch das Aufhängeloch, machen Sie einen Knoten und hängen Sie den Stern an die Tannenzweige.

Für die Kette werden die Sterne nebeneinander auf das Satinband gefädelt. Mit den Bandenden kann die Kette am Adventsstrauß oder Weihnachtsbaum befestigt werden.

GOLDENE STERNE